Inhalt

Zeit und Wandel

Raum und Mobilität

Technik und Kultur

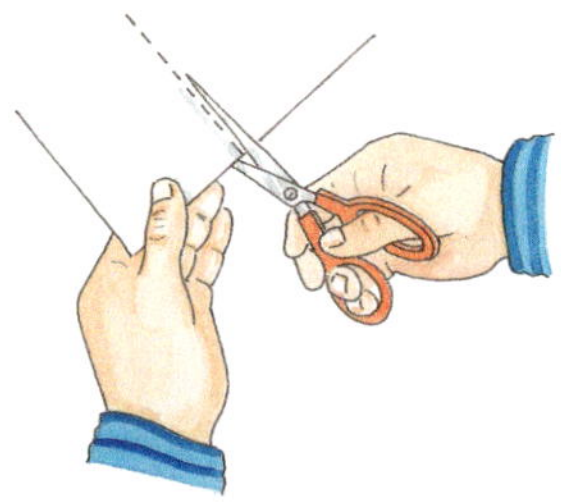

Methoden-Werkstatt

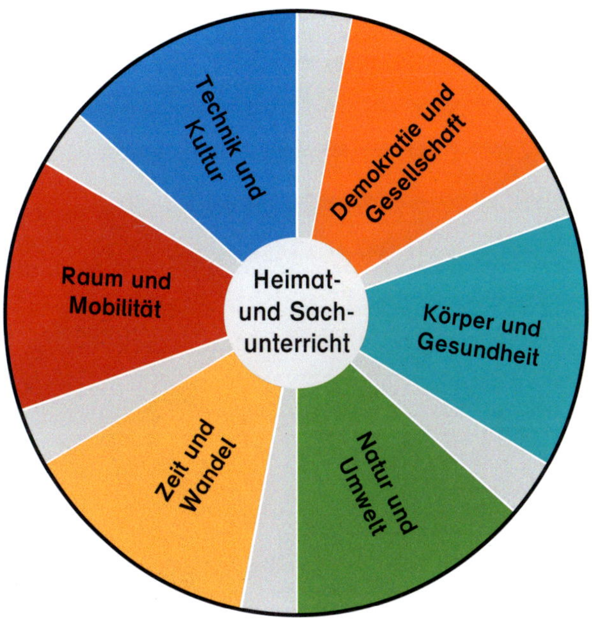

In der Familie

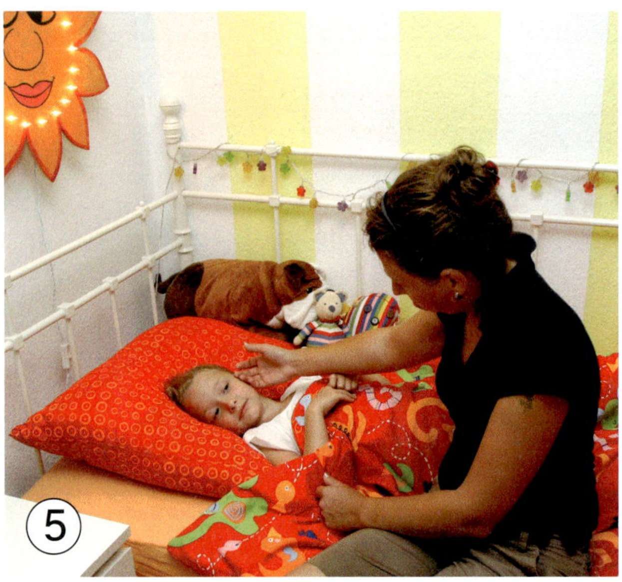

M 1 Vergleichen, Seite 76
Jeder Mensch ist einmalig, Seite 18
Auf Gefühle achten, Seite 20/21

Familien sind verschieden

Verhalten in der Schule

1

2

3

4

5

1 Beurteile das Verhalten. Nenne für jedes Bild (1 bis 10) das

● M 1 Vergleichen, Seite 76
■ In der Pause, Seite 8/9

6

7

8

9

10

passende Gesicht 🙂 😐 ☹️. Begründe deine Meinung.

In der Pause

1 Was machst du gern in der Pause?

2 Welche Regeln für die Pause kennst du?

Wir helfen einander

1 Wer hilft wem?

2 Wie kannst du Kindern in deiner Klasse helfen?

■ In der Familie, Seite 4

1 Wie sieht dein Arbeitsplatz aus?

2 Welche Klassendienste gibt es in deiner Klasse?

Ein gemeinsames Frühstück

Die Kinder haben vieles mitgebracht. Alle helfen mit.

■ So putzt du deine Zähne richtig, Seite 27

Gesund ernähren

1 Sucht auf dem Tisch nach Lebensmitteln, von denen ihr nur wenig essen sollt. Nennt Beispiele.

2 Betrachtet die Bilder. Findet Obst und Gemüse auf dem Tisch. Überlegt, was zu einem gesunden Frühstück gehört.

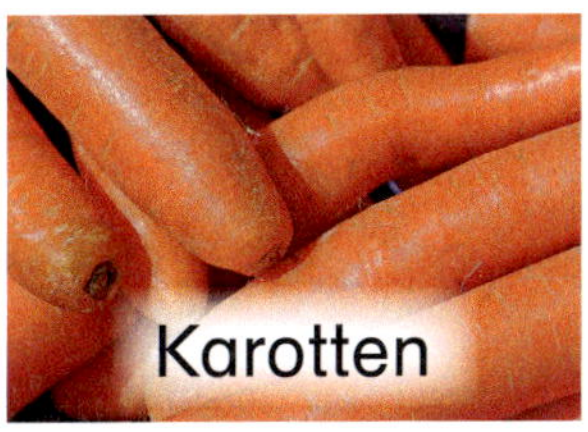

Medien im Alltag

Telefon, Handy

Plakat

Computer

Radio

Fernseher

MP3-Player

Zeitung

Buch

1 Welche Medien nutzt ihr? Zeichnet sie.

Kaufen und verkaufen

M 1 Vergleichen, Seite 76

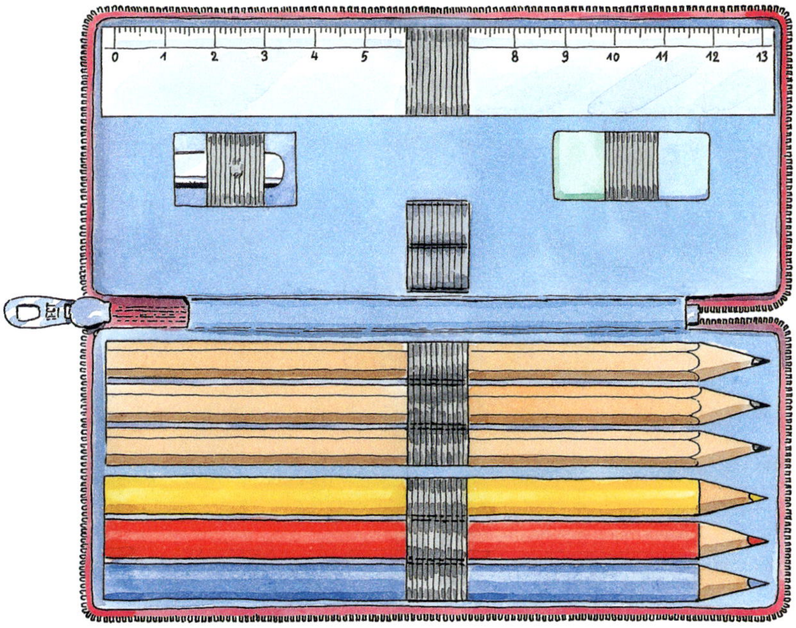

1 Betrachtet die Bildgeschichte. Vermutet, worauf die Kinder beim Kauf geachtet haben. Vergleicht die Auswahl der Kinder mit der abgebildeten Federmappe.

2 Vermutet, welche Rolle der Verkäufer gespielt hat.

Jeder Mensch ist einmalig

Jeder Mensch ist einmalig.
Auch du.

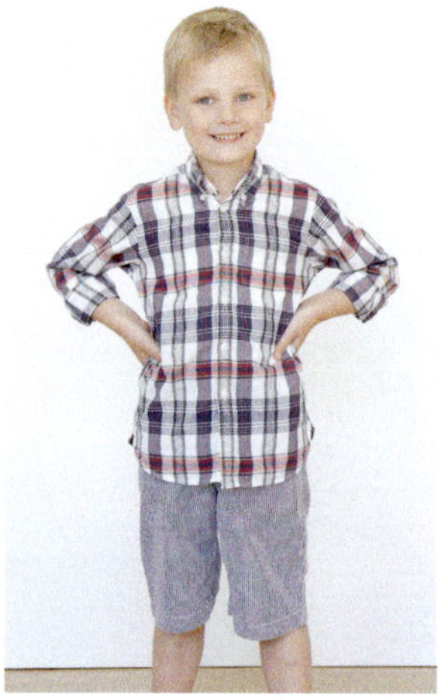

1 Überlege: Was ist einmalig an dir?

2 Was ist einmalig an anderen Menschen?

■ In der Familie, Seite 4
■ Familien sind verschieden, Seite 5

1 Betrachtet die beiden Fotos. Beschreibt das Mädchen.

2 Bearbeitet diese Aufgabe in Partnerarbeit. Ein Kind zeigt auf ein Körperteil auf den Fotos. Das andere Kind nennt den Namen.
Diese Begriffe helfen euch dabei: Arm, Bauch, Bein, Brust, Finger, Füße, Hals, Hand, Kopf, Po, Rücken, Zehen.

3 Überlegt weitere Fragen, die ihr euch stellen könnt.

M 3 Beobachten und betrachten, Seite 77
Waschen, duschen, baden, Seite 24/25
Unsere Sinne, Seite 22/23

Auf Gefühle achten

1.

2.

3.

4.

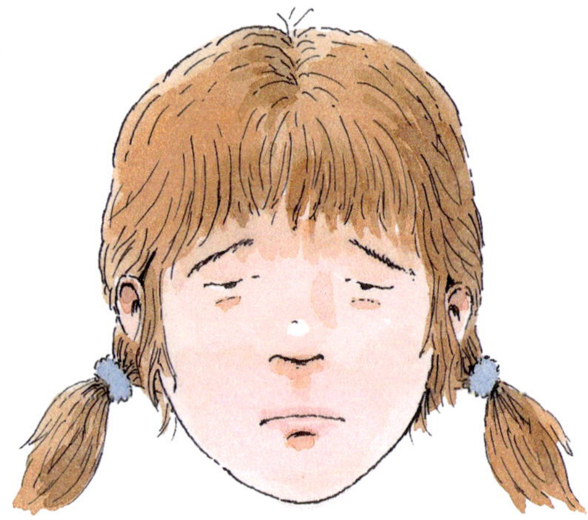

5.

6.

1 Ordne den Bildern Gefühle zu: ängstlich, fröhlich, stolz, traurig, unsicher, wütend. Erzähle von eigenen Gefühlen.

■ Jeder Mensch ist einmalig, Seite 18
■ Mein Körper, Seite 19

2 Betrachte die Bilder.
Vermute, welche Gefühle die Kinder haben könnten.

Unsere Sinne

M 3 Beobachten und betrachten, Seite 77
Mein Körper, Seite 19
Materialien – mit den Sinnen wahrnehmen, Seite 38

Waschen, duschen, baden

1 Wann sollst du dir die Hände waschen?

1 anfeuchten, einseifen

2 innen

3 außen

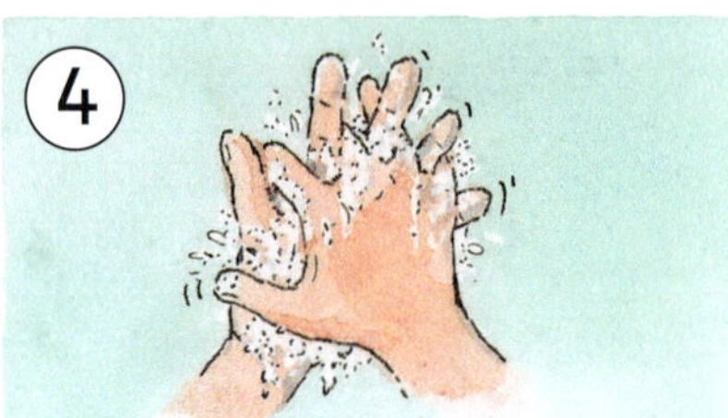

4 zwischen den Fingern

5 abspülen

6 abtrocknen

2 Beschreibe, wie Hände richtig gewaschen werden.

■ So putzt du deine Zähne richtig, Seite 27

3 Welche Dinge im Badezimmer sind für die Körperpflege wichtig? Welche benutzt du?

Das Wechseln der Kleidung ist wichtig:

Verschwitzte Kleidung in die Wäsche geben.

Unterwäsche solltest du täglich wechseln.

In sauberer Kleidung fühlst du dich wohl.

Unsere Zähne

Wir unterscheiden Zähne:

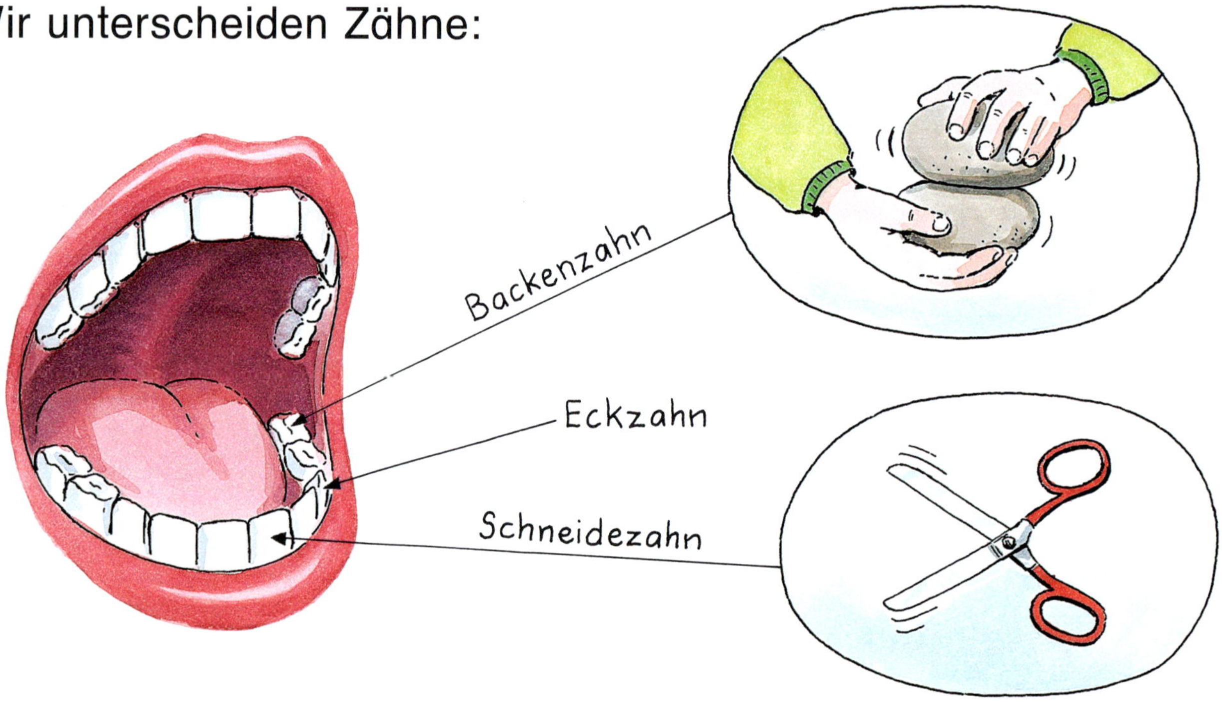

Zahnwechsel:

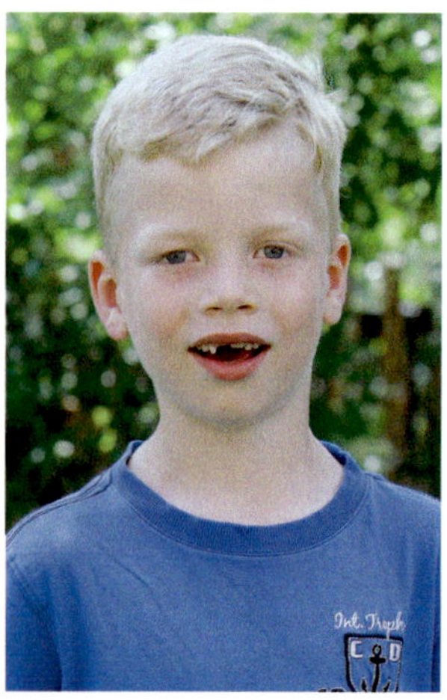

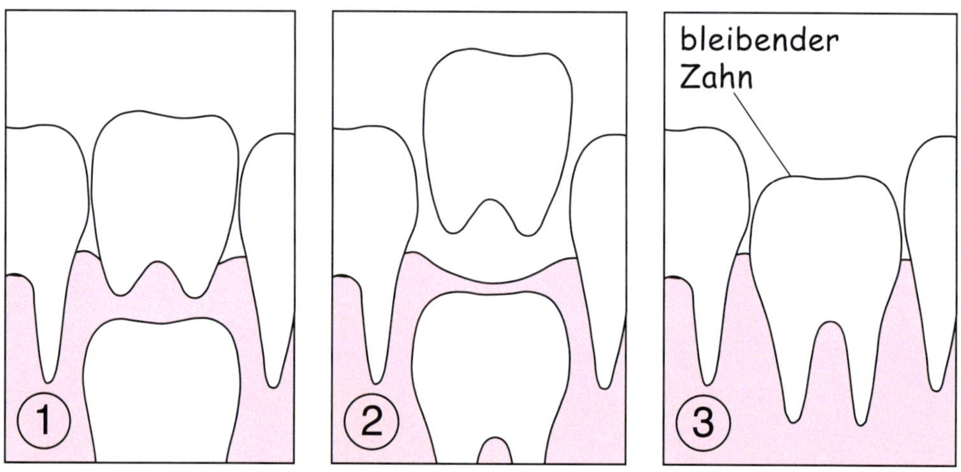

So putzt du deine Zähne richtig

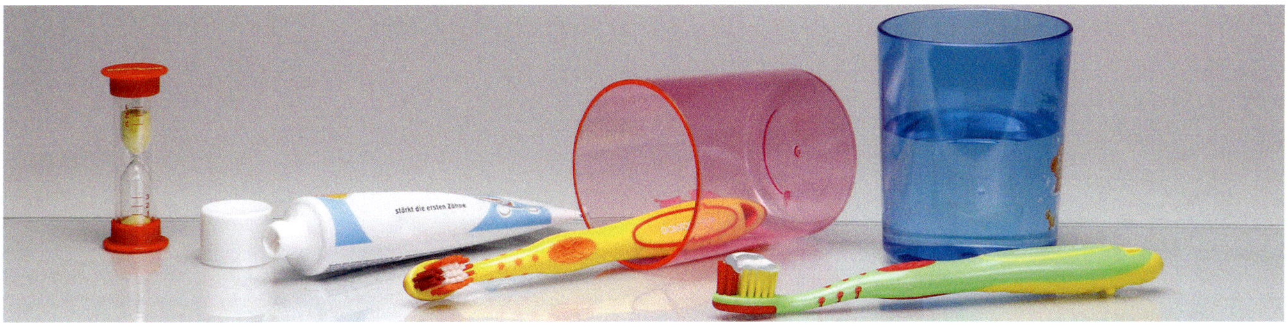

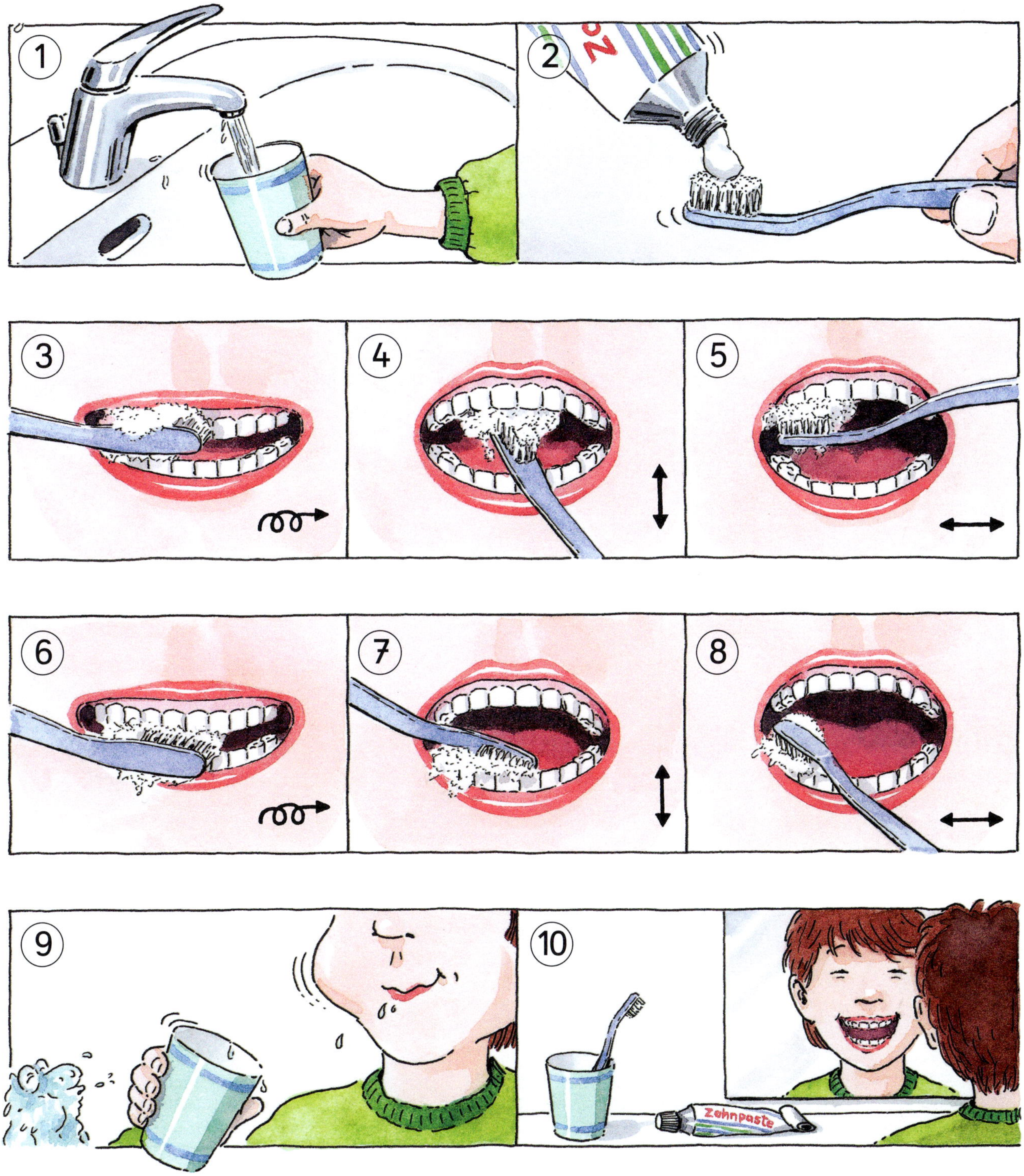

■ Waschen, duschen, baden, Seite 24/25

Die Sommerwiese

M 3 Beobachten und betrachten, Seite 77
Entdecke das Leben auf der Wiese, Seite 30/31
Pflanzen und Tiere auf der Wiese, Seite 32/33

1 Betrachte das Bild. Beschreibe, wie die Kinder die Wiese erkunden. Was würdest du gerne dort tun?

Entdecke das Leben auf der Wiese

G!: Vom Aussterben bedrohte Tiere und Pflanzen sind geschützt!

1 Überlege, was du auf einer Blumenwiese betrachten, fühlen, riechen und hören kannst.

M 7 Sammeln, Seite 79
M 4 Protokollieren, Seite 78

Pflanzen und Tiere untersuchen

betrachten

zeichnen

fotografieren

Pflanzen pressen

pflücken

pressen

aufkleben

Eine Wiese anlegen

Pflanzen säen

gießen

beobachten

Pflanzen und Tiere auf der Wiese

Pfauenauge

Biene

Ameise

Hummel

Käfer

Heuschrecke

Maulwurf

Maus

1 Welche Tiere findest du auf dem großen Wiesenbild?
Gestalte einen Aufsteller zu einem Tier oder einer Pflanze.

M 8 Präsentieren, Seite 80
Wie Pflanzen sich verbreiten, Seite 34/35
Pflanzen und Tiere sind …
… an ihren Lebensraum angepasst, Seite 36/37

Kleiner Fuchs

Wespe

Hahnenfuß

Rotklee

Schlüssel-
blume

Glocken-
blume

Regenwurm

Schnecke

2 Ein Kind beschreibt ein Tier oder eine Pflanze. Das andere Kind hört zu und zeigt auf das Bild und sagt den Namen.

Wie Pflanzen sich verbreiten

Teile einer Pflanze

Der Löwenzahn hat Blüten, Stängel, Blätter und eine Wurzel.
Aus den Blüten entstehen die Pusteblumen.

1 Wie werden die Samen der Klette verbreitet?

Die Samen werden durch den Wind verbreitet.

Probiere aus!

1. Pflücke Löwenzahnblüten mit langen Stängeln.
2. Stelle sie in ein Gefäß mit Wasser. Vermute, was passieren wird.
3. Beobachte die Blüten etwa zwei Wochen lang.

Wir säen Löwenzahn

1. Sammle die Samen einer Pusteblume.
2. Säe sie in einem Blumentopf aus.
3. Halte die Erde feucht.
4. Beobachte jeden Tag.

■ Pflanzen und Tiere sind ...
... an ihren Lebensraum angepasst, Seite 36/37

■ Versuche mit Luft, Seite 42

Pflanzen und Tiere sind ...

Die Blüten locken Insekten an. Aus den Blüten entstehen die Samen.

Die kleinen Samen haben oben einen Schirm. Er wirkt wie ein Fallschirm. Der Wind trägt sie deshalb fort.

Die Blätter nutzen das Sonnenlicht.

Der Stängel trägt die Blüten.

Die Wurzel versorgt die Pflanze mit Wasser aus dem Boden.

M 3 Beobachten und betrachten, Seite 77
Wie Pflanzen sich verbreiten, Seite 34/35
Versuche mit Luft, Seite 42

Zwischen den Pflanzen sind die Grashüpfer durch ihre Farbe gut getarnt. Mit den langen Hinterbeinen können sie weit springen.

1 Beschreibe die Grashüpfer. Achte besonders auf die Farbe.

Tiere vorsichtig fangen und betrachten. Dann wieder freilassen!

Nahrungskette

2 Beschreibe die Nahrungskette und erkläre sie.

Materialien – mit den Sinnen wahrnehmen

Wir erkunden Materialien

Viele Dinge sind aus Papier.

Es gibt auch Toilettenpapier, Küchenpapier und Zeitungspapier.

1 Welches Material eignet sich gut?

Leder
Kunststoff
Metall

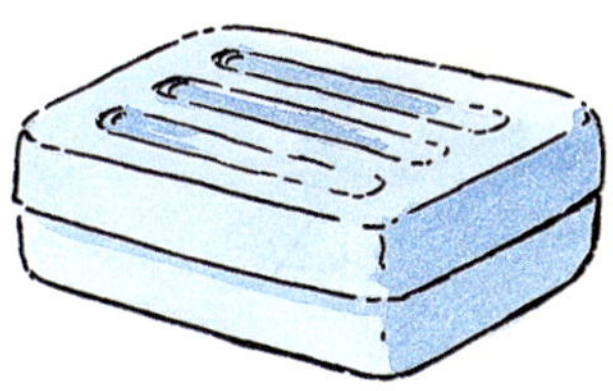

Glas
Kunststoff
Metall
Papier

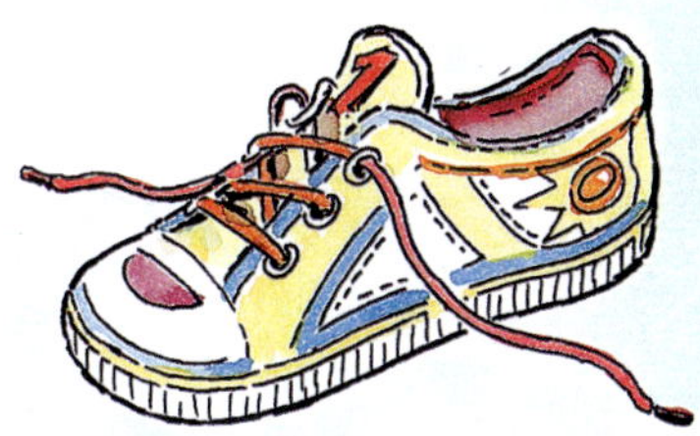

Holz
Leder
Gummi
Stoff

2 Sammelt Dinge aus den gleichen Materialien. Vergleicht sie.

Luft ist überall

- Wir beobachten das Wetter, Seite 44/45
- Die Luft rein halten, Seite 73

1 Baue einen Propeller. Lass ihn fliegen. Beobachte.

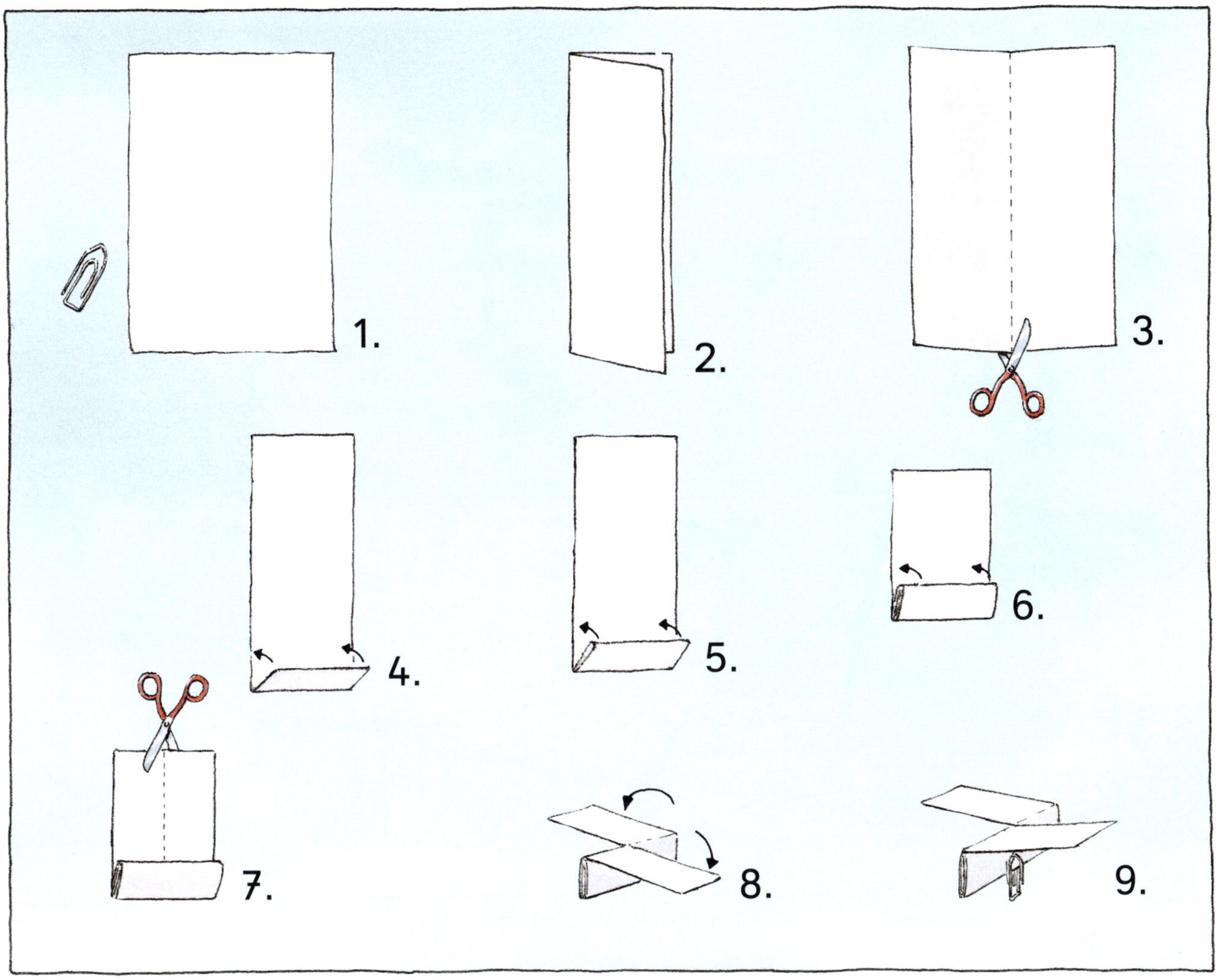

2 Verkürzt die Flügel bei einem Propeller. Vermutet, wie er fliegt.

3 Lasst den Propeller und einen normalen Propeller fliegen. Beobachtet und vergleicht.

Versuche mit Luft

Luft kann bewegen und tragen.

Luft braucht Platz.

Luft kann sich ausdehnen.

M 3 Beobachten und betrachten, Seite 77
M 5 Skizzieren, Seite 78

So ein Wetter!

1 Vergleiche die Bilder. Achte auch auf die Kleidung.

■ Wir beobachten das Wetter, Seite 44/45
■ Die richtige Kleidung, Seite 70

Wir beobachten das Wetter

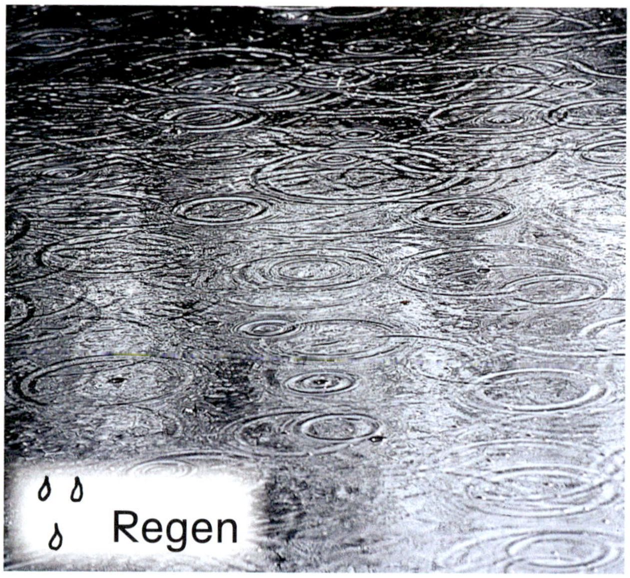

○ M 3 Beobachten und betrachten; Seite 77
○ M 4 Protokollieren, Seite 78
○ M 5 Skizzieren, Seite 78
■ Die richtige Kleidung, Seite 70/71

1 Beobachtet jeden Tag das Wetter und zeichnet es auf.

2 Ordnet diesen beiden Fotos Wetterzeichen zu.

3 Informiert euch, wie man sich bei Gewitter richtig verhält.

4 Überlegt, warum sich diese Menschen so angezogen haben.

Am Tag

Wir freuen uns auf den hellen Tag.

Wir sehen die Farben der Blumen und die Vögel in der Luft.

Viele Tiere sind wach, manche Tiere schlafen am Tag.

Übrigens

Mein Tageslauf, Seite 48/49

Am Abend wird es dunkel.

Wir werden müde. Im Zimmer brauchen wir Licht. In der Nacht ruhen wir uns aus und schlafen. Manche Menschen arbeiten in der Nacht.

Übrigens

Mein Tageslauf

1 Was machen Lisa und Max heute?

2 Nennt Beispiele für: vorher – nachher.

■ Die Woche, Seite 50/51

3 Nennt Beispiele für:
vorgestern – gestern – heute – morgen – übermorgen

Die Woche

	Montag	Dienstag	Mittwoch	Don
 Jana	 Kinderturnen		 Hort	
 Murat		 Fußball	 Kinderchor	
 Lisa	 Ballett	 Tennis	 Flöte	

Jana, Murat und Lisa gehen in die gleiche Klasse.

1 Betrachte die Abbildung. Nenne die Wochentage.

2 An welchen Tagen gehen die Kinder am Vormittag zur Schule?

rstag	Freitag	Samstag	Sonntag
	 Schwimmen		
		 Fußball	 Klavier
	 Bücherei		

3 Wähle ein Kind aus. Erzähle, was es in der Woche unternimmt.

4 An welchen Wochentagen können sich die Kinder am Nachmittag zum Spielen treffen?
Stellt euch gegenseitig eigene Fragen.

Jahreslauf und Jahreszeiten

■ Wir feiern viele Feste im Jahr, Seite 54/55

Sommer
Herbst

Wir feiern viele Feste im Jahr

Geburtstag

Ostern

Fasching

1 Welches Fest kennst du nicht?

Max und
feiern viele

Einladung zum Klassenfest

Liebe Eltern,
am nächsten Samstag feiern wir ein Fest in unserer Klasse.

Wir zeigen euch unsere Bilder und basteln gemeinsam Spiele.

Wir freuen uns darauf.

Weihnachten

3 Erzähle, welche Feste du feierst.

M 7 Sammeln, Seite 79
M 8 Präsentieren, Seite 80

Kirchweih

Einschulung

Lena
Feste im Jahr

Erntedankfest

2 Welches Fest findet nur einmal statt?

Zuckerfest

Martinsfest

Halloween

4 Was gefällt dir dabei?

Zeit erleben – Zeit erfahren

Lena hat sich verändert:

1 Auch du hast dich verändert. Betrachte deine Bilder.

2 Woran erinnerst du dich gerne?

■ Jeder Mensch ist einmalig, Seite 18
■ Auf Gefühle achten, Seite 20/21

Max erinnert sich.

3 Sicher hast auch du Erinnerungsstücke.
Ordne sie wie Max. Erzähle.

Übrigens

Scovia ist erst seit vier Wochen in der Klasse.
Sie kommt aus Angola. Dort gab es Krieg.
Deshalb sind ihre Eltern mit ihr geflohen.

„Links“ – „rechts“

1.

2.

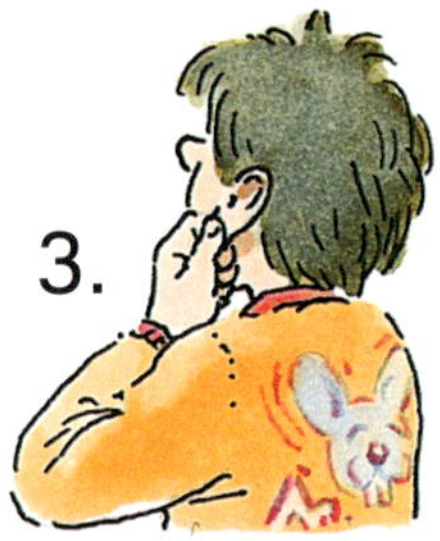

3.

4.

5.

6.

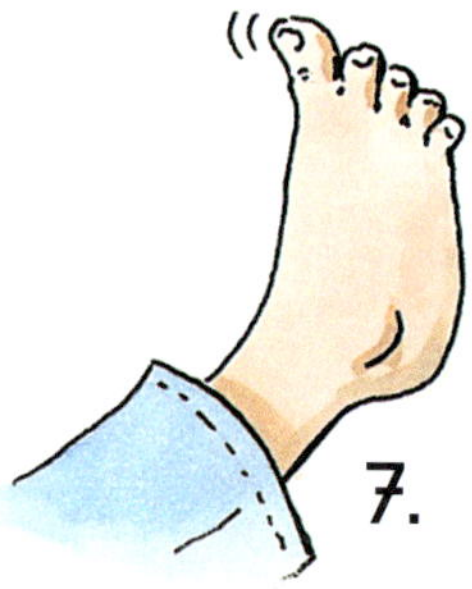

7.

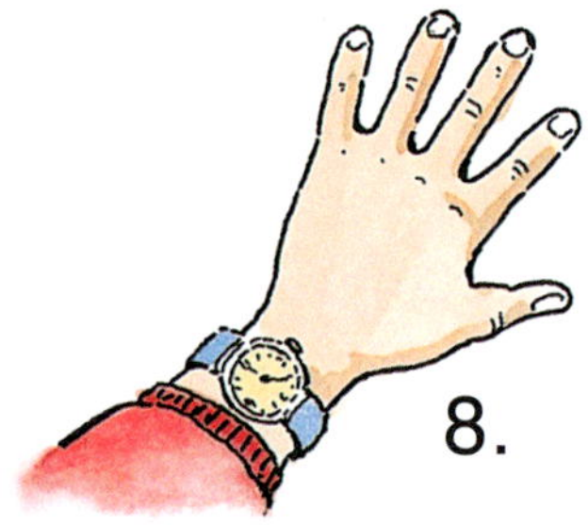

8.

15.

16.

17.

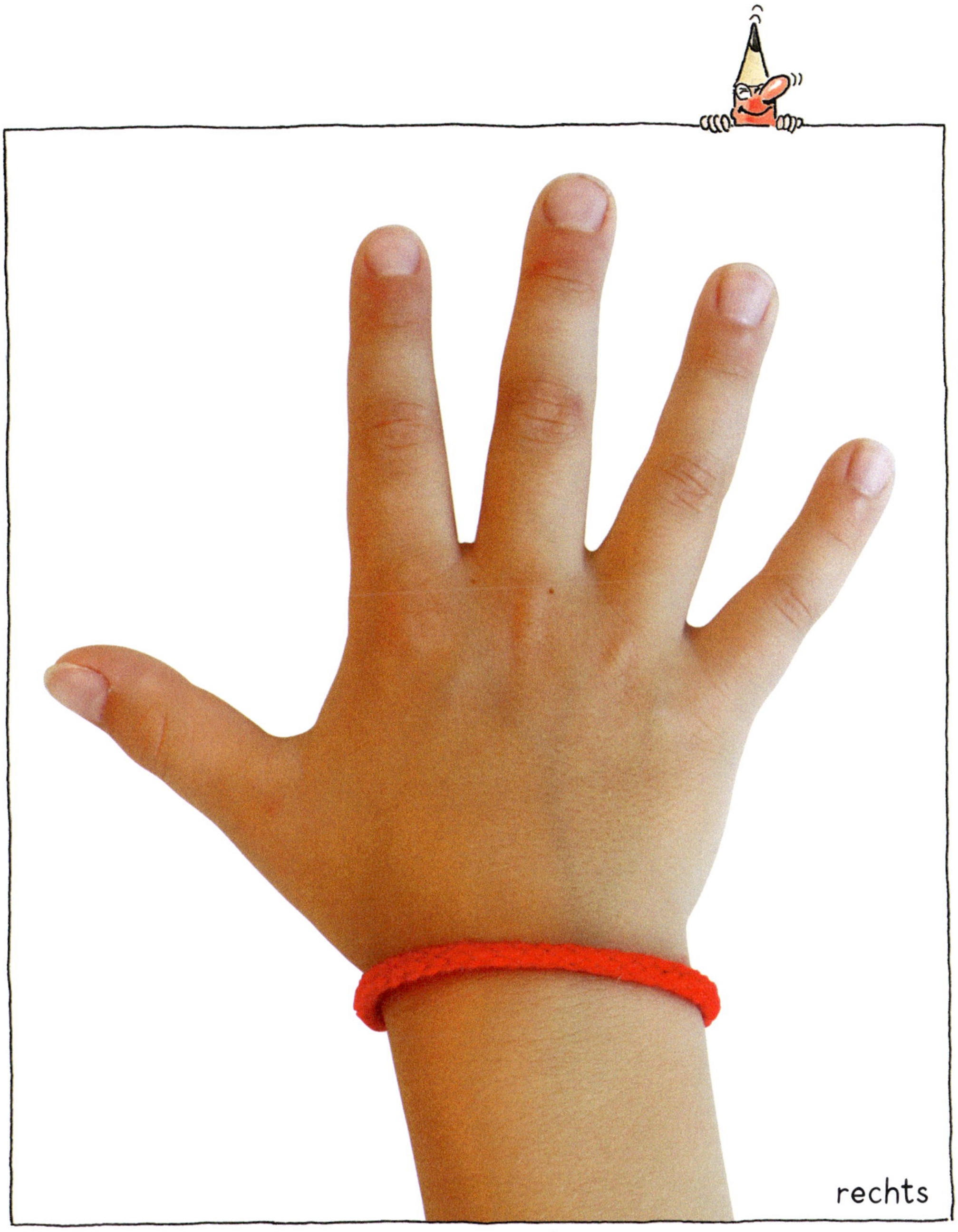

14.

13.

12.

9.

10.

11.

18.

19.

20.

Oben, unten und noch mehr

1 Betrachte die Gespenster in den Zauberspiegeln. Finde sie im Bild.

2 Beschreibe die Lage der Gespenster. Benutze die Wörter: oben, unten, vor, hinter, auf, unter und zwischen.

In unserer Schule

1 Auch in eurer Schule gibt es diese Räume. Seht sie euch an und zeichnet sie. Legt die Bilder zu einem Plan zusammen.

○ M3 Beobachten und betrachten, Seite 77
○ M5 Skizzieren, Seite 78
■ „Links“ – „rechts“, Seite 58/59
■ Oben, unten und noch mehr, Seite 60/61

Klassenzimmer

Turnhalle

Lehrerzimmer

Pausenhof

Sekretariat

Rektorat

Garderobe

Toilette

Schulwege

1 Finde für Ulrike und Uwe die sicheren Schulwege.

2 Beschreibe deinen Schulweg.

Gefährliche und sichere Spiele

1 Überlegt, welche Fragen ihr zum Bild stellen könnt, zum Beispiel: „Welche Kinder verhalten sich richtig?“

2 Bildet Lerngruppen. Jede Gruppe bearbeitet eine Frage und stellt das Ergebnis vor.

Überqueren der Straße

So komme ich sicher über die Straße.

Im Straßenverkehr muss ich immer besonders gut aufpassen!

■ „Links“ – „rechts“, Seite 58/59

Mit Bus und Auto unterwegs

1 Nicht alle Kinder verhalten sich richtig. Erzähle.

Die richtige Kleidung

1 Wer wird am besten gesehen?

2 Wer ist bei Regenwetter richtig angezogen?

■ Unsere Sinne, Seite 22/23
■ Wir beobachten das Wetter, Seite 44/45

3 Überlegt, wer im Dunkeln am besten zu sehen ist.

4 Welche Gegenstände machen deine Kleidung sicherer?

Aufgepasst!

1 Wie verhältst du dich? Spielt die Szene nach!

Das haben andere Kinder gemacht:

Auf Gefühle achten, Seite 20

1 Wie kommst du zur Schule?

Wer arbeitet in der Schule?

■ In unserer Schule, Seite 62/63

Hausmeister

Hausmeister

WC

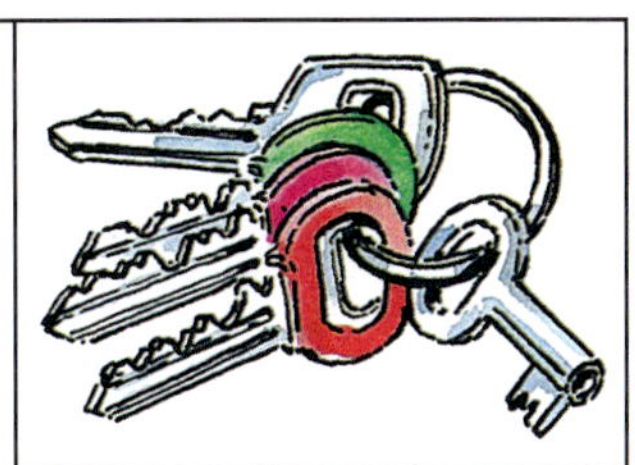

Kleeblatt

Methoden-Werkstatt

So arbeitest du mit den Methoden-Seiten:
Lies die Texte oder lass sie dir vorlesen. Die Bilder helfen dir, die Anleitungen zu verstehen.

M 1 Vergleichen
M 2 Mit einem Lineal zeichnen
M 3 Beobachten und betrachten
M 4 Protokollieren
M 5 Skizzieren
M 6 Sortieren
M 7 Sammeln
M 8 Präsentieren
M 9 Eine Mappe führen

M 1 Vergleichen

1 Sieh dir die kleinen Abbildungen genau an. Was sieht gleich aus? Was ist anders?

2 Schau dir die Bilder genau an.

3 Vergleiche die Bilder.

4 Nenne Unterschiede und erkläre sie.

M 2 Mit einem Lineal zeichnen

1. Das Lineal ist ein Hilfsmittel
zum Zeichnen von geraden Linien.

2. Setze das Lineal mit der Zahlenkante an die Punkte an,
die verbunden werden sollen.
3. Drücke das Lineal mit der einen Hand leicht auf das Blatt.
4. Setze den Stift mit der anderen Hand am Anfangspunkt an.
5. Ziehe die Linie ohne abzusetzen.

M 3 Beobachten und betrachten

1. Gegenstände, die sich verändern, oder Tiere,
die sich bewegen, kannst du beobachten.
2. Beobachte zum Beispiel, wie Insekten
von Blüte zu Blüte fliegen.
3. Dinge, Gegenstände, Bilder, Pflanzen
oder Lebewesen, die sich nicht bewegen,
kannst du in Ruhe betrachten.
4. Betrachte zum Beispiel die Blüte
von einem Löwenzahn am Vormittag
und am Abend.
Vergleiche deine Betrachtungen.
5. Die Ergebnisse der Betrachtungen und
Beobachtungen kannst du durch Notizen,
Zeichnungen oder Fotos festhalten.
Das nennt man Protokollieren.

M 4 Protokollieren

(1) Protokollieren bedeutet, dass du notierst oder zeichnest, was du beobachtet oder betrachtet hast.

(2) Benutze zum Protokollieren
... ein leeres Blatt Papier oder
... einen Notizblock oder
... ein Heft oder
... ein kleines Wochentagebuch.

(3) Nach der Faltanleitung kannst du dir aus einem Blatt Papier ein kleines Wettertagebuch herstellen.

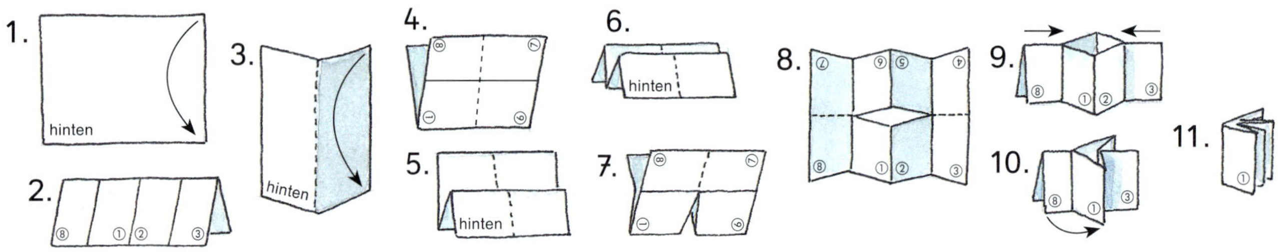

M 5 Skizzieren

(1) Skizzen sind einfache Zeichnungen, bei denen es nicht auf Genauigkeit ankommt.

(2) Benutze beim Zeichnen oder Skizzieren immer eine feste Unterlage und einen Bleistift.

(3) Betrachte oder beobachte das Objekt, das skizziert werden soll, genau.

(4) Markiere zuerst einige Hilfspunkte.

(5) Verbinde dann die Punkte mit ganz dünnen Linien.

(6) Wenn die Skizze gelungen ist, kannst du die Linien nachziehen.

(7) Übe das Skizzieren an einfachen Formen. Geeignet sind Blätter.

M 6 Sortieren

(1) Ein Gegenstand, ein Bild oder eine Form lässt sich nach mehreren Merkmalen beschreiben.

(2) Wir unterscheiden nach ...
der Form (rund, dreieckig, viereckig .....),
der Farbe (rot, blau, gelb .....),
der Größe (klein, mittel, groß ....)

(3) Beim Sortieren werden Gegenstände oder Dinge mit gleichen Merkmalen in Gruppen eingeteilt.

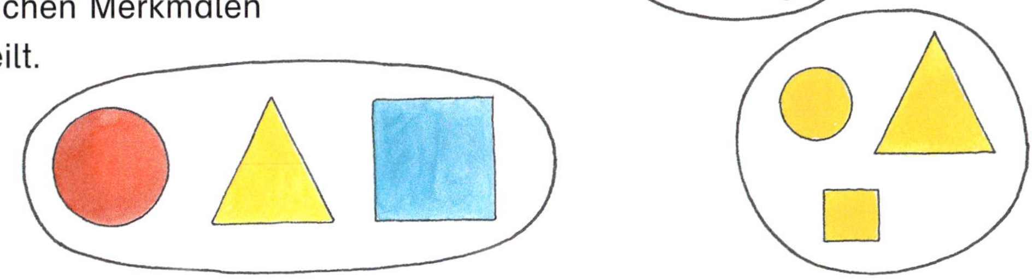

M 7 Sammeln

(1) Unter Sammeln verstehen wir die Suche und Beschaffung von bestimmten Gegenständen und Dingen.

(2) Die gesammelten Gegenstände, Dinge, CDs, Fotos oder Bilder werden sortiert, aufbewahrt oder ausgestellt (präsentiert).

(3) Sammle aus Zeitschriften Bilder von Tieren.

(4) Sortiert gemeinsam die Bilder nach Themen:
... Mein Lieblingstier
... Haustiere

M 8 Präsentieren

1. Präsentieren bedeutet, die Ergebnisse einer Arbeit anderen vorzustellen.
2. Zum Ausstellen einer Bildersammlung kannst du einfache Aufsteller aus einer dünnen Pappe benutzen.
3. Falte die Pappe in der Mitte und stelle sie auf.
4. Deine Bilder kannst du direkt auf die Pappe aufkleben.
5. Du kannst die Bilder auch auf ein Blatt Papier kleben. Knicke dann das Blatt und lege es über die Klappkarte.
6. Stelle auf einer Klappkarte ein Lieblingstier vor.

M 9 Eine Mappe führen

1. Lege dir angespitzte Stifte bereit.
2. Trage oben rechts auf der Seite das Datum ein.
3. Überlege dir, wie du die Seite gestalten möchtest.
4. Wenn du schon schreiben kannst, beginnst du mit der Überschrift.
5. Arbeite sorgfältig und zeichne sauber.
6. Benutze als Hilfsmittel das Lineal.
7. Kontrolliere zum Schluss deine Arbeit.

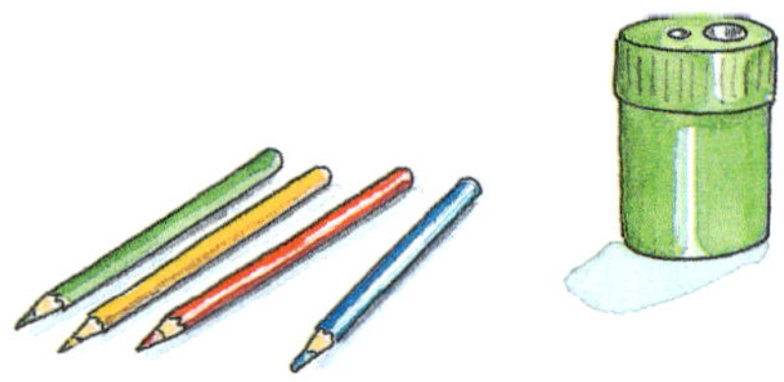

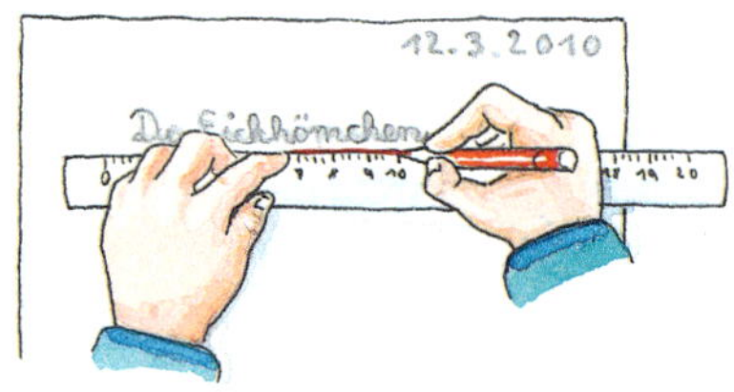